FRANZA O SPAGNA PURCHÈ SE MAGNA!

(Essere italiani a propria insaputa)

di Raffaele Cardarelli

copertina di Ivan Turatti

vignette di Vittorio Sedini

"a mia moglie Gabriella
e ai miei figli Alessandro e Iris"

SOMMARIO

Prologo   3

1. La Creazione; "Francia o Spagna purché
se magna"   6

2. "Natura è Nascimento" (G.B. Vico)   10

3. Un Benessere (troppo) folgorante   19

4. Mani Pulite   34

5. Una Nazione (?), una Televisione,
una Informazione   36

6. Informazione, Cultura e Libertà   39

7. Un Gioco "Irresponsabile"   45

8. Il Bandolo della Matassa   48

9. La Caduta del Muro   53

Epilogo   57

Biografia   60

FRANZA O SPAGNA PURCHÈ SE MAGNA

PROLOGO

"Mi parli della sua infanzia" è spesso la prima richiesta dello psicologo per cercare di comprendere le cause che possono spiegare i comportamenti del suo cliente. Conoscere la storia dei nostri interlocutori ci aiuta a comprenderne meglio la cultura e gli stili di vita. Credo che sia così anche per le nazioni, soprattutto per l'Italia.

Le sue origini e la sua storia, che si è evoluta in un modo davvero peculiare, negli ultimi 2 secoli, rispetto alle altre nazioni europee e i mezzi di comunicazione, che hanno giocato e giocano tuttora un ruolo fondamentale, per la loro capacità di influenzare la cultura popolare e, contemporaneamente, esserne uno specchio fedele in ogni periodo storico, necessitano a mio parere di una specifica analisi culturale e antropologica.

Lo scopo di questo "viaggio" è di collegare alcuni tasselli fondamentali che possano aiutare a comprendere meglio questo complesso e stupendo mosaico che è il nostro Paese.

Un viaggio che metterà in luce le numerose "occasioni mancate" nel formare il senso di appartenenza ad una nazione: la Grande Guerra (scoppiata a meno di 50 anni dalla nascita), l'avvento di Mussolini, la seconda guerra mondiale, il boom economico post-piano Marshall, l'arrivo della TV, le contestazioni giovanili stroncate da violenti quanto "misteriosi" (ma, forse, non così misteriosi) attentati, la lotta alla mafia, Tangentopoli... sono tante le occasioni che avrebbero potuto portare l'Italia verso un'evoluzione culturale più importante.

Ma i loro effetti, potenzialmente benefici, sono stati in gran parte annullati nel disinteresse generale. Media compresi. La sfortuna – come nel caso del precoce (dopo soli 50 anni) scoppio della Grande Guerra – ha probabilmente giocato un ruolo importante, ma, a mio parere, non decisivo. Ben di più hanno pesato l'incapacità-immaturità dei governanti nel costruire una cultura omogenea nei primi 100 anni di "sovranità nazionale" e il "debito" del 2° dopoguerra verso gli USA.

"Abbiamo fatto l'Italia, ora dobbiamo fare gli italiani!" sembra una frase ancora attuale dopo un secolo e mezzo e 5 generazioni. Un'affermazione che, ci auguriamo, non dovrà essere applicata anche alla giovane Comunità Europea...

Buona lettura a tutti

Raffaele

FRANZA O SPAGNA PURCHÈ SE MAGNA

1. LA CREAZIONE - "FRANCIA O SPAGNA, PURCHÉ SE MAGNA! "

La storia di Adamo ed Eva nel Paradiso Terrestre dimostra, a mio avviso, due concetti importanti. Il primo è che il mestiere più antico del mondo è quello del pubblicitario. La credenza, che attribuisce questo primato ad un'altra professione, è probabilmente dovuta ad un'errata interpretazione della frase di un noto comunicatore francese, Jacques Seguela: "Non dite a mia madre che faccio il pubblicitario! Lei mi crede pianista in un bordello".

Il secondo è che il segreto del successo di una comunicazione efficace è quello di riuscire a comprendere le aspirazioni del proprio pubblico. Il serpente, infatti, conosceva molto bene quali fossero le più importanti tensioni emotive della donna e dell''uomo. Queste due chiavi di lettura ci saranno utili per comprendere alcuni dei comportamenti tipici del popolo italiano.

Un extra-terrestre, appena atterrato da Marte, potrebbe infatti domandarsi: come è potuto accadere che gli eredi moderni di Giulio Cesare, Dante e Leonardo da Vinci, sono diventati le icone mondiali dello scarso senso civico e spendano più di chiunque altro in lotterie e giochi d'azzardo?

Per aiutare il nostro marziano (e forse non solo lui) a trovare la risposta a questa importante domanda, dobbiamo tornare indietro nel tempo.

La nostra storia, che è anche la storia del nostro Paese, inizia circa 2 secoli fa, quando la porzione di territorio che sarebbe stata chiamata "Italia", era suddivisa in una decina di regni molto eterogenei, sia dal punto di vista culturale che economico.

Il suo clima eccellente e la posizione strategica avevano attirato, nei secoli precedenti, gli interessi delle potenti nazioni confinanti, soprattutto della Spagna, della Francia e più recentemente dell'Austria che, all'inizio del XIX secolo, occupava gran parte del Nord Italia.

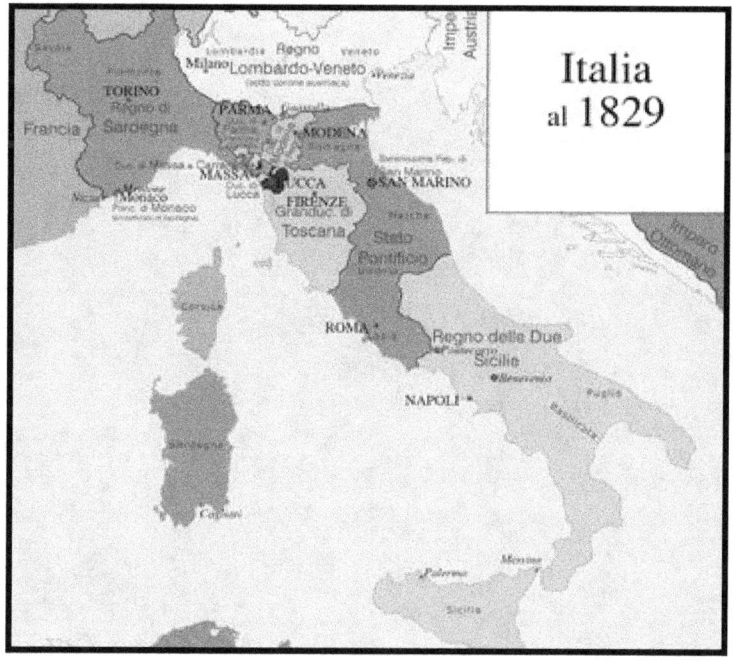

Le popolazioni della Penisola, che da molte generazioni subivano dominazioni oppressive da parte di nazioni straniere, avevano sviluppato una filosofia di vita molto particolare: puntare ad una dignitosa sopravvivenza, cercando di aggirare le regole imposte dagli odiati padroni. Questo stile di vita era riassunto in un detto popolare di quell'epoca: "Francia o Spagna, purchè se magna!" La nostra storia ha inizio in questo periodo ed in questo contesto culturale.

FRANZA O SPAGNA PURCHÈ SE MAGNA

2. NATURA È NASCIMENTO (G.B. VICO)

È la sera del 26 giugno 1857. Carlo Pisacane, alla guida di trecento uomini (in gran parte ex-detenuti appena liberati dalla vicina prigione di Ponza), sbarca a Sapri, un piccolo comune campano vicino a Salerno. Lo scopo del patriota mazziniano è quello di sollevare la popolazione locale contro la dittatura di Ferdinando II di Borbone.

Ma i soldati del Regno delle 2 Sicilie non dovranno sparare neanche un colpo. Le masse contadine, precedentemente allertate dai Borboni, aggrediscono i trecento "delinquenti" con falci e vanghe. Pisacane e il suo gruppo, ormai dimezzato, sono inseguiti fino al paesino di Sanza. Circondato e senza alcuna speranza, Pisacane si toglie la vita con un colpo di pistola, mentre i superstiti vengono consegnati all'esercito borbonico.

Appena quattro anni più tardi, quelle masse contadine, così come le popolazioni dello Stato

Pontificio, combatteranno contro le camicie rosse di Garibaldi appoggiate da Francia e Inghilterra, che temevano la nascente alleanza tra i Borboni e gli austriaci, avversari storici dei francesi.

Al termine di questi conflitti il Regno di Sardegna governato dai Savoia, lo stato più indebitato della Penisola, avrebbe raccolto sotto la propria bandiera quelle umili ed eterogenee popolazioni contro la loro volontà.

Al contrario della Francia, formatasi un secolo prima sulla spinta di un'insurrezione popolare contro i soprusi di un'oligarchia tiranna e privilegiata, l'Italia era stata creata al termine di una sanguinosa guerra civile, promossa da un manipolo di "liberali illuminati" (Cavour, ispirato dalle idee di Mazzini, Gioberti e Cattaneo) sostenuti da potenti quanto interessati eserciti stranieri (mille garibaldini non avrebbero avuto scampo contro l'esercito borbonico) e imposta con la violenza alle popolazioni locali, che non comprendevano – o non condividevano – gli ideali patriottici dei loro nuovi "padroni" sabaudi.

Ora c'era una sfida molto ardua da vincere: amalgamare queste popolazioni eterogenee, poco acculturate (80% di analfabetismo) e sconfitte, trasformandole – da sudditi che, da molte generazioni, cercano di combattere o truffare uno Stato nemico – in cittadini appartenenti alla stessa nazione e tesi verso il Bene Comune.

Era necessario unificare ben otto sistemi giuridici, monetari ed economici, oltre alle diverse culture (una vincitrice, le altre sconfitte) : una "missione quasi-impossibile", per Klemens von Metternich – ministro degli Esteri austriaco di quel periodo – per il quale l'Italia di quel tempo non era altro che " un'espressione geografica, una qualificazione che riguarda la lingua, ma che non ha il valore politico che gli sforzi degli ideologi rivoluzionari tendono ad imprimerle".

Purtroppo i primi governi italiani fecero ben poco per smentire questo sferzante giudizio, perchè mancarono clamorosamente nel costruire una cultura omogenea e un senso di appartenenza allo Stato, soprattutto al Sud, dove la "questione meridionale" era già manifesta. Il regime di stampo feudale dei Borboni, che riusciva a garantire una certa sussistenza alla popolazione, limitando il potere dei proprietari terrieri, non era stato rimpiazzato da uno stato moderno e presente.

Le popolazioni del meridione furono così abbandonate al brigantaggio e alle tasse (la più odiata fu quella sul grano macinato, che colpiva le classi più povere) del nuovo "padrone sabaudo" che, stremato finanziariamente dalla guerra, cercava di attingere liquidità dalle ricche casse borboniche senza fornire in cambio infrastrutture e legalità.

La prima guerra mondiale, a soli cinquant'anni dalla nascita del Regno d'Italia, non contribuì certamente alla costruzione di un'amalgama culturale e sociale.

L'Italia, dichiaratasi inizialmente neutrale, scese in campo un anno dopo lo scoppio del conflitto. Dopo lunghe negoziazioni con entrambi gli schieramenti sui possibili vantaggi territoriali in caso di vittoria, il nostro Paese dichiarò guerra all'Austria-Ungheria (non alla Germania, con la quale aveva un accordo trentennale), unendosi agli eserciti dell'Intesa.

Al termine della Grande Guerra, il giovane Regno d'Italia era allo stremo economico (aziende quasi inesistenti, alta disoccupazione, costo della vita quintuplicato) e sociale (650.000 morti e oltre un milione e mezzo tra feriti, mutilati e dispersi avevano messo in ginocchio molte famiglie) e tuttora frammentato in culture distanti e avverse.

L'avvento di Mussolini e del fascismo, subentrati ai primi fragili governi democratici, avrebbe potuto trascinare – nei modi che conosciamo - gli italiani verso un senso di appartenenza ad un'unica, illuminata nazione (i richiami all'epoca dell'impero romano non erano certamente casuali). Ma, come la Storia avrebbe drammaticamente dimostrato, non è possibile imporre una nuova, omogenea cultura con la forza, senza il libero coinvolgimento della popolazione.

È particolarmente significativo il linguaggio utilizzato dal duce per comunicare la discesa in guerra dell'Italia nella seconda guerra mondiale al fianco dei nazisti. Quanti italiani compresero per quale motivo il loro Paese dovesse "scendere in campo contro le democrazie plutocratiche e reazionarie dell'Occidente (loro alleate soltanto 30 anni prima...) che, in ogni tempo, hanno ostacolato la marcia e spesso insidiato l'esistenza medesima del popolo italiano"? Comunicando che era giunta "l'ora delle decisioni irrevocabili", perché "la dichiarazione di guerra è già stata consegnata agli ambasciatori di Gran Bretagna e Francia", Mussolini informava il popolo italiano su decisioni importanti, prese – ancora una volta – senza il suo coinvolgimento.

E moltissimi obbedirono, in un'atmosfera di apparente entusiasmo e scarsa consapevolezza.

Al termine della seconda guerra mondiale, gli "italiani" erano ancora un popolo profondamente diviso (tra fascisti e partigiani, tra repubblicani e monarchici, tra settentrionali e meridionali), sconfitto, povero e sfiduciato, con un forte gap culturale tra Nord (meno del 5% di analfabeti), Centro (poco più del 10%) e Sud (oltre il 25%) e che, in assenza di una forte e riconosciuta presenza istituzionale, continuava a (soprav)vivere con una filosofia di vita alquanto individualista.

Il film "Bellissima" (1951), di Luchino Visconti, interpretato da Anna Magnani, narra la storia di Maddalena, una popolana di Roma, che sogna l'ascesa sociale per la figlia Maria di 6 anni, attraverso la fama cinematografica. Maddalena tenta tutte le strade possibili (corsi di canto e recitazione, perfino la raccomandazione di un collaboratore del regista) per farle avere la parte in un film che si sta girando a Cinecittà, mettendo a repentaglio l'economia familiare, nonché il rapporto con il marito. Il film è un significativo ritratto dell'Italia post- conflitto e pre- televisiva, perché mostra come il sogno individuale di un rapido benessere (carriera cinematografica, in questo caso) possa influenzare i comportamenti di culture semplici, quando i valori più importanti non sono profondamente radicati.

FRANZA O SPAGNA PURCHÈ SE MAGNA

3. UN BENESSERE (TROPPO)

FOLGORANTE

La ripresa economica, finanziata soprattutto dal Piano Marshall (l'Italia ricevette 1,2 miliardi di dollari a fondo perduto tra il 1948 e il 1951) inserì il nostro Paese nell'"orbita americana", allontanandolo dalla potenziale influenza comunista dell'URSS (che si fermò alla vicina Jugoslavia del generale Tito) e consentendo agli italiani di passare dalla miseria più nera ad uno straordinario benessere individuale in meno di 20 anni: dal 1952 al 1970 il reddito pro-capite di inglesi e francesi (vincitori dell'ultima guerra) aumentò rispettivamente del 32% e del 36%, mentre quello italiano sarebbe più che raddoppiato.

Nel giro di venti anni, l'Italia aveva rapidamente dimenticato l'indigenza del dopoguerra, grazie allo straordinario e determinante finanziamento degli USA. Che, in un modo o nell'altro, andava restituito.

I film della serie "Don Camillo" (1952-1965) descrivono in che modo gli italiani, divisi tra democristiani (Don Camillo) e comunisti (Peppone), stavano per transitare da una società rurale-tradizionale verso lo scintillante progresso liberal-consumistico.

Ma, come nel 1861 in occasione della nascita dello stato italiano, le popolazioni della penisola stavano per subire un cambiamento importante, senza esserne protagoniste.

Infatti l'unità culturale e il senso civico non ebbero lo stesso sviluppo folgorante del reddito pro-capite, perché la televisione, che dal 1956 affascinò le semplici menti dei nostri compatrioti (fino al 1990 oltre il 90% degli italiani l'avrebbe guardata regolarmente) e che avrebbe potuto rapidamente formare una coscienza civica tesa al Bene Comune, venne utilizzata quasi esclusivamente a scopi consumistici e di frivolo svago.

I programmi "Telescuola" e "Non è mai troppo tardi", che in pochi anni insegnarono a leggere e scrivere a un italiano su cinque, sono tra le rare eccezioni che confermano l'enorme potenzialità che questo straordinario mezzo di comunicazione avrebbe potuto avere nel formare la cultura e i valori nel nostro Paese. Una prova eclatante della potenza di questo nuovo medium fu il mitico "Carosello" (1957-1977), che proponeva i primi spot pubblicitari alle masse sognanti, accalcate davanti ai magici schermi di "mamma RAI", utilizzando immagini (cartoni animati come Calimero pulcino nero) e linguaggi ("con la ricetta della nonnina, zucchero, latte e fior di farina...") che oggi farebbero sorridere qualsiasi alunno di scuola elementare, ma che in quel periodo storico furono percepiti come mitici modelli di vita dalle menti ingenue dei nostri connazionali.

E che cosa accade alle culture semplici ed individualiste con scarso senso dello Stato e del Bene Comune, quando passano troppo rapidamente dall'indigenza al benessere e sono quotidianamente sollecitate al sogno consumistico da comunicazioni sofisticate, interpretate da divi benestanti e spensierati?

"Signore & Signori" (P. Germi, 1965), vincitore del Grand Prix al 19° Festival di Cannes, descrive i comportamenti ipocriti e vergognosi della borghesia benestante di una cittadina veneta (eletta a simbolo della provincia italiana), che riesce ad evitare gli effetti di una possibile "vergogna sociale" - provocata dalla denuncia del genitore di una minorenne, sedotta da un cittadino importante – attraverso la corruzione del padre della vittima e il contributo delle autorità religiose, riuscendo a bloccare la ricerca della verità da parte di un cronista "troppo intraprendente".

"Il Commissario Pepe" (Ettore Scola, 1969), interpretato da Ugo Tognazzi, narra le vicissitudini di un commissario, chiamato ad indagare, suo malgrado, su reati a sfondo sessuale nella tranquilla cittadina di sua competenza. Pepe scopre che, dietro un ipocrita perbenismo, si celano comportamenti vergognosi e illegali da parte di tutti gli strati sociali.

Osteggiato dai cittadini e pressato dal questore a "chiudere gli occhi", chiede il trasferimento, lasciando la scomoda decisione – se procedere o meno nelle indagini - al suo successore. Nella scena finale, rivolge al pubblico la domanda "E voi? ... siete tutti leoni?", un'inconsapevole profezia su quanto sarebbe accaduto vent'anni più tardi e sul ruolo (passivo e indifferente) che avrebbero giocato i cittadini italiani in occasione delle indagini di Tangentopoli.

"Chissà se va?" cantava Raffaella Carrà dagli schermi di Mamma RAI nel 1971, durante la trasmissione "Canzonissima" del sabato sera, invitando le famiglie italiane ad inseguire il sogno milionario della Lotteria di Capodanno.

Fino agli anni '90 si sarebbero contate ben 13 (tredici) Lotterie nazionali all'anno e nella stagione 1995-96, con l'abbinamento alla trasmissione «Scommettiamo che?» condotta da Fabrizio Frizzi e Milly Carlucci, gli italiani acquistarono ben 32 milioni di tagliandi della Lotteria Italia.

Nel periodo 1970-1990 l'Italia scalò le classifiche mondiali del benessere individuale (siamo tuttora ai primi posti per possesso di casa, auto e cellulare), ma mancò costantemente nello sviluppare il rapporto tra cittadinanza e istituzioni. La classe politica aveva stipulato un patto implicito e nefasto con la popolazione: elargire un elevato benessere privato, chiudendo un occhio sull'applicazione di regole e divieti e consentendo di evadere imposte e tasse. Uno Stato assente nel garantire regole e sicurezza, quanto "indigente" nel finanziare le strutture portanti della società civile (trasporti, scuole, sanità, ecc...).

Da parte loro, i cittadini cercavano di mantenere uno status quo che, agli occhi della maggioranza, sembrava vantaggioso. Conseguenza: rafforzamento del disinteresse dei cittadini verso le istituzioni e la cosa pubblica, conseguente sviluppo della cultura individualista.

Un esempio: nessun governo, di qualsiasi schieramento politico, si è preoccupato di sviluppare il trasporto pubblico in Italia. Salvo rarissime eccezioni, i mezzi pubblici sono largamente inadeguati per gli indispensabili spostamenti quotidiani; l'auto, quasi sempre con una o due persone a bordo, è di gran lunga il mezzo più utilizzato. Mancando gli spazi per parcheggiare tutte le auto, i cittadini, anziché premere sulle istituzioni per avere trasporti pubblici e parcheggi adeguati, lasciano l'auto in divieto di sosta, evitando quasi sempre la multa. Conseguentemente questo patto implicito viene percepito come vantaggioso per tutti coloro che, a vari livelli e in svariate modalità, si sentono in qualche modo privilegiati da un sistema basato su uno stato assente e povero, istituzioni inefficienti e privati benestanti. Un sistema che sembra invulnerabile: i politici possono "non-governare" indisturbati, arricchendosi con tangenti e privilegi, trascurando la cosa pubblica. Le parti sociali che potrebbero (dovrebbero?) favorire la cultura del cambiamento (giornalisti, magistrati, notai, farmacisti, avvocati, medici, negozianti, tassisti, camionisti...) o sensibilizzare l'opinione pubblica, sono lobbies privilegiate e protette, asservite al potere.

La maggior parte dei cittadini, che leggono e ascoltano i media italiani finanziati e protetti dalla politica, percepisce un benessere personale eccellente, coltiva una cultura individualista e uno scarso senso sociale, senza avvertire alcuna esigenza evolutiva. Una pacchia per molti, all'interno di uno Stato alquanto chiuso – soprattutto culturalmente - verso l'estero.

Negli anni '70 gli schermi cinematografici italiani furono travolti dall'arrivo delle commedie-sexy "all'italiana", che oscurarono il contributo di alcune pellicole coraggiose, come "Indagine su un cittadino al di sopra di ogni sospetto" o "Un borghese piccolo piccolo", che cercarono di evidenziare le gravi carenze (della giustizia, in questi casi) di un Paese benestante e socialmente ancora diviso, o come la serie "Fantozzi" che, oltre venti anni dopo il piano Marshall e il film "Bellissima" , descrisse le paradossali relazioni sociali tra gli italiani- impiegati, ancora affascinati da raccomandazioni, servilismo e arrivismo.

In Italia gli anni delle contestazioni giovanili - nei confronti di un mondo capitalista-consumistico gestito da un'oligarchia intoccabile - si trasformarono ben presto in "anni di piombo" e di "strategia della tensione". In questo periodo il ruolo ambiguo e mai chiarito di formazioni terroristiche come "Brigate Rosse" e "Prima Linea" e gruppi di potere come "P2" e "Gladio", in occasione di stragi tanto sanguinose quanto impunite (soltanto tra il 1968 e il 1974 furono compiuti 140 attentati), fu decisivo nello sventare le potenziali trasformazioni sociali e culturali che sarebbero potute scaturire da quelle istanze.

Alcuni eventi - come il sequestro e l'omicidio di Aldo Moro (1978), promotore di un accordo di governo tra la Democrazia Cristiana e il Partito Comunista, e l'assassinio di Carlo Alberto dalla Chiesa (1982), artefice di importanti arresti di esponenti delle Brigate Rosse ed inviato in Sicilia come Prefetto per combattere Cosa Nostra – furono particolarmente significativi in tal senso.

Anche in questi casi – come per la maggior parte delle stragi precedenti – i mandanti e le motivazioni di queste efferatezze restarono nell'anonimato e nell'oblio. Ancora oggi, a distanza di molti decenni, moventi e mandanti di eventi importantissimi e drammatici, come la "trattativa Stato-Mafia" e il ruolo dei Sevizi Segreti americani e italiani negli episodi descritti, sono coperti dal velo dell'omertà.

All'inizio degli anni '80 l'arrivo della televisione commerciale rappresentò un'opportunità importante per il Paese, sia dal punto di vista economico – perché avrebbe aumentato le opportunità di comunicazione per le imprese italiane (sino ad allora limitate dagli esigui spazi pubblicitari offerti dalla

RAI) – che dal punto di vista culturale, perché le nuove frequenze televisive concesse ai privati avrebbero potuto diversificare l'offerta di un'informazione ancora sotto il controllo diretto (reti RAI) o indiretto (stampa) della politica.

Purtroppo, l'Italia colse pienamente soltanto la prima opportunità. L'offerta di spazi pubblicitari aumentò a dismisura, permettendo a molte aziende italiane di moltiplicare i propri fatturati.

Ma la "pluralità dell'informazione" restò una chimera. Nel 1984 le tre reti televisive private che si erano affermate sul territorio nazionale – Canale 5 (Mediaset-Berlusconi), Retequattro (Mondadori) e Italia 1 (Rusconi) – finirono progressivamente sotto il controllo di Mediaset (che nel 1988 avrebbe acquisito, con modalità più o meno lecite, anche l'intera Mondadori), mentre il Parlamento italiano bloccava tutti i tentativi di promulgare quella legge di regolamentazione del settore che, secondo la Corte Costituzionale, avrebbe dovuto contenere «quel sistema di garanzie efficace al fine di ostacolare in modo effettivo il realizzarsi di concentrazioni monopolistiche».

Politici, media e intellettuali (salvo frange marginali) non compresero – o finsero di non comprendere – che il Paese stava perdendo l'ennesima grande opportunità per evolvere culturalmente e socialmente, abbandonando il sistema della comunicazione nelle mani della classe politica (RAI) e di un privato (Berlusconi-Mediaset).

Nel 1990 il ministro repubblicano Oscar Mammì emanò la nuova «Disciplina del sistema radiotelevisivo pubblico e privato» che, anziché aprire alla pluralità dell'informazione impedendo "in modo effettivo" il monopolio, legalizzò la posizione Mediaset stabilendo che un privato non potesse possedere più di 3 reti radiotelevisive nazionali!

Sarebbe stato sufficiente limitare il possesso privato ad una sola rete TV nazionale, ma ciò non accadde, nella connivente omertà dell'informazione e degli intellettuali italiani. A questo punto della nostra storia si apre una parentesi importante che, purtroppo, si richiuderà presto. Perché, mentre la popolazione italiana cercava ostinatamente di sfuggire alla propria evoluzione culturale, la Storia (quella con la "S" maiuscola) stava per offrirle l'ennesima opportunità.

FRANZA O SPAGNA PURCHÈ SE MAGNA

4. MANI PULITE

All'inizio degli anni novanta – 10 anni dopo l'epilogo delle prime indagini sul calcio-scommesse, concluse (come quelle successive del 1986 e del 2011) con un limitato numero di condanne e numerose assoluzioni - un pool di magistrati della Procura della Repubblica di Milano aprì una serie di indagini giudiziarie nei confronti di esponenti della politica, dell'economia e delle istituzioni italiane.

Le indagini portarono alla luce un sistema di corruzione, concussione e finanziamento illecito ai partiti ai livelli più alti del mondo politico e finanziario italiano, che fu denominato Tangentopoli. Furono coinvolti ministri, deputati, senatori, imprenditori, perfino ex presidenti del Consiglio.

Grazie all'iniziativa di alcuni magistrati coraggiosi, "schegge" sfuggite al "sistema", gli italiani furono costretti, loro malgrado, a toccare con mano ciò che da sempre conoscevano, di cui parlavano spensieratamente con gli amici, ma che non avevano intenzione di affrontare seriamente, proprio come nella trama del film "Il commissario Pepe": l'opulento "sistema Italia" prosperava sulla corruzione e sull'illegalità! Dopo l'indignazione generale e l'acclamazione popolare verso gli eroi-magistrati, l'indagine venne bloccata dalla classe politica di allora e poi insabbiata, perché avrebbe portato allo "smantellamento delle istituzioni".

Così, come nel film "Il commissario Pepe" del 1969, la cittadina-Italia tornò al suo tran-tran quotidiano, nell'indifferenza di molti italiani.

FRANZA O SPAGNA PURCHÈ SE MAGNA

5. UNA NAZIONE (?), UNA TELEVISIONE, UNA INFORMAZIONE

Ma torniamo alla (cosiddetta) legge sul sistema radio-televisivo. Mentre l'intero Paese era occupato in altre attività, nel 1994 la Corte Costituzionale (sentenza n. 420) bocciò la legge Mammì, perchè «incoerente, irragionevole» e non idonea a garantire il pluralismo in materia televisiva, dichiarandola incostituzionale e sollecitando il legislatore a trovare una soluzione definitiva entro l'agosto 1996.

Ovviamente, dopo oltre dieci anni di duopolio televisivo RAI-Mediaset (che si ripartivano oltre il 90% dell'audience e degli introiti pubblicitari televisivi; nel 1994 Mediaset-Publitalia sfiorava i 3.000 miliardi di lire di raccolta pubblicitaria), l'influenza economica e politica di Berlusconi - che dal gennaio 1994 era entrato in politica, come leader di Forza Italia, diventato in pochi mesi il principale partito politico della "seconda Repubblica"- era quasi invulnerabile.

Ma la forza più potente a difesa dello status quo italiano stava per manifestarsi in tutta la sua efficacia.

Nel giugno 1995 gli italiani furono chiamati a votare in un referendum popolare. Uno dei 13 (tredici) quesiti proposti, prevedeva la possibilità di limitare le concessioni televisive nazionali di un privato a meno di tre (situazione che, in quel momento, riguardava il solo Berlusconi). Il 57% dei votanti si espresse per il NO.

Le successive indicazioni della Corte Costituzionale furono puntualmente ignorate sia dai governi di centro-sinistra (Governo Prodi, Legge Maccanico 1997) che di centro-destra (Governo Berlusconi, Legge Gasparri 2004) che, attraverso regolamentazioni alquanto vaghe, confermarono la legittimazione del mono-duopolio televisivo RAI Mediaset, già accanitamente difesa dai predecessori della Prima Repubblica.

6. INFORMAZIONE, CULTURA E LIBERTÀ

Abbiamo visto in che modo la classe politica italiana sia riuscita ad impedire l'avvento di un'informazione pluralista nell'ambito della TV nazionale, il medium più importante – in termini di ascolti e linguaggi, - nell'influenzare la cultura del Paese.

E i giornalisti? In Italia operano circa 60.000 giornalisti, oltre la metà dei quali sono giornalisti sportivi. In Inghilterra ci sono 40.000 giornalisti, in Francia 37.400, mentre in Germania - che ha il doppio della popolazione italiana - 73.000. Secondo una ricerca Ocse del 2010, in Germania ogni 100 mila copie di quotidiani o periodici ci sono 75 giornalisti di carta stampata, in Francia 72, in Italia ben 127. Un esercito di giornalisti in un Paese dove si legge poco: nella classifica di diffusione dei periodici l'Italia è il fanalino di coda. In Germania ogni mille abitanti si vendono 244 giornali al giorno, in Francia 117, in Italia solo 88. Tanti giornalisti per pochissimi giornali...

"Ottimo! - esclamerebbe, a questo punto, il nostro marziano - "Con un numero così esorbitante di giornalisti, suppongo che l'Italia sia tra i Paesi più democratici e liberi di questo pianeta, con un governo onesto, una cultura elevata e una distribuzione equilibrata dei redditi!". Immaginiamo, quindi, la sua costernazione e il suo stupore nello scoprire che la situazione italiana è esattamente l'opposto.

Libertà d'informazione: nel 2015 la classifica di Reporter senza Frontiere posiziona l'Italia – unico stato europeo considerato semi-libero – al 73° posto nel mondo, dietro a nazioni come Ungheria e Argentina, mentre il Regno Unito è al 34° posto e la Francia al 38°. Per quanto riguarda la corruzione, l'Italia è al 69° posto (in posizione peggiore rispetto agli anni di Tangentopoli), dietro a Ghana, Turchia e Arabia Saudita e alla pari con la Romania nella classifica 2013 stilata da Transparency International.

All'interno dell'OCSE l'Italia è al 6° posto per squilibrio nella distribuzione del reddito. E la cultura?

Nel 1999-2000 e nel 2004-2005 si sono svolte due diverse indagini comparative, promosse da Statistics Canada e dal Federal Bureau statistico degli USA, sottoponendo sei questionari di difficoltà crescente (il primo assai elementare, il 6° più complesso) ad accurati ed omogenei campioni di popolazione di età compresa tra i 14 e i 65 anni. L'Italia si è classificata al penultimo posto, precedendo solo lo Stato del Nuevo Leon, Mexico.

Un dato forse poco sorprendente per un Paese dove oltre metà della popolazione non legge e non compra libri e dove il fatto che oltre metà dei 41.000 edifici scolastici statali registrano "seri problemi strutturali", con impianti (idraulici, elettrici e termici) non funzionanti e che oltre 2.000 scuole (con 342.000 alunni) siano a "rischio amianto", non sia una priorità per alcun partito o organo d'informazione.

"Mi risulta che sul vostro pianeta il giornalismo sia stato inventato per promuovere la cultura e controllare le persone al potere, denunciandone soprusi e corruzione!"- potrebbe osservare il nostro disorientato marziano, -"Perché in Italia accade il contrario?"

Probabilmente un indizio potrebbe spiegare questo incredibile mistero: dal 1990 al 2013, gli editori della carta stampata hanno ricevuto finanziamenti pubblici diretti per 850 milioni di euro e, per il triennio 2014/2016, con diffusioni e vendite ormai ridotte al lumicino a seguito dell'avvento di internet, hanno chiesto ed ottenuto dal governo Letta altri 120 milioni di finanziamenti pubblici diretti (i finanziamenti indiretti sono difficilmente quantificabili).

Inoltre i giornalisti italiani vantano tutele specifiche – uniche in tutta l'Europa - contro il licenziamento.

Una classe politica, che cerca – a qualsiasi costo – il proprio interesse anziché il Bene Comune, finanzia gli Editori dell'informazione con denaro pubblico e offre privilegi e protezioni uniche in Europa ai giornalisti.

Una garanzia di impunità, che contribuisce a produrre un'informazione controllata e a mantenere la popolazione, spensieratamente individualista e poco interessata alla politica, ben lontana dalla cultura e dall'impegno sociale.

Quante famiglie italiane considerano prioritaria la spesa per tasse, quota condominiale, una scuola con strutture migliori e classi meno affollate o per un'adozione a distanza, rispetto alla spesa per lotterie e slot-machines, fumo, telefoni cellulari ed elettronica?

7. UN GIOCO "IRRESPONSABILE"

L'impatto sulla cultura e gli stili di vita del Paese sono, a questo, punto, facilmente deducibili anche per il nostro disorientato marziano: l'Italia è al 3° posto nel mondo per possesso pro-capite di cellulari, al 6° per interventi di chirurgia estetica e al 1° posto per turismo a scopi sessuali, praticato da oltre 3 milioni di adulti. Il 38% degli italiani ritiene lecita una relazione intima con un minore consenziente. A questo punto è facile comprendere perché l'Italia oscilli tra la prima e la terza posizione al mondo (prima assoluta in Europa) per spesa pro-capite in giochi d'azzardo.

Una popolazione benestante e culturalmente eterogenea, con scarso senso dello Stato e del Bene Comune ed abituata a trovare soluzioni individuali – parcheggio in 2° fila, salto la coda perché sono in ritardo – ai propri problemi senza considerare i conseguenti disagi collettivi, è naturalmente attratta dalla vincita alla lotteria, identificata come una decisiva svolta "ad personam" che possa migliorare la propria vita.

La classe politica, legata in varie modalità alle principali società del gioco d'azzardo, ha pesantemente contribuito a sviluppare questa pericolosa patologia nella popolazione, moltiplicando le concessioni per l'apertura di case da gioco, depenalizzando le multe per evasione fiscale e boicottando i comuni che cercavano di limitare la presenza delle slot-machines nel proprio territorio.

La comunicazione – con oltre 100 milioni di euro annui, investiti in campagne pubblicitarie – ha fatto il resto, grazie a migliaia di spot che, dopo aver magnificato il sogno milionario, raccomandano negli ultimi secondi di "giocare responsabilmente". Le vittime più colpite da questo attacco combinato sono, ovviamente, i soggetti più deboli: minorenni, pensionati e le fasce di popolazione più povere o meno istruite.

Tutto questo in un Paese che si colloca al 6° posto – tra gli Stati dell'OCSE – per squilibrio nella distribuzione dei redditi e tra gli ultimi per utilizzo di strumenti democratici: in Svizzera si svolgono mediamente 10 referendum popolari ogni anno, i cui risultati vengono puntualmente applicati.

L'ultimo referendum in Italia, dove non è possibile votare il candidato parlamentare preferito, si è svolto nel 2011. I risultati del referendum del 1993, che abrogò il finanziamento pubblico ai partiti, furono ribaltati... dagli stessi partiti che, alla velocità della luce, modificando l'espressione "finanziamento pubblico ai partiti" con "rimborsi elettorali", aumentarono ulteriormente quel prelievo dalle casse pubbliche. Il tutto, manco a dirlo, nel complice e interessato silenzio dei mezzi d'informazione.

8. IL BANDOLO DELLA MATASSA

"Questa è una crisi culturale, prima che economica!". Alzi la mano chi non ha mai sentito citare questa espressione negli ultimi anni.

Come abbiamo avuto modo di verificare questa affermazione sembra alquanto veritiera.

Ma ciò che stupisce, a mio avviso, è che salvo rarissime eccezioni, ci si fermi a questa constatazione senza cercare di individuarne le cause profonde e le possibili soluzioni. Se questa è soprattutto una crisi culturale, come si può risolvere?

Da molti anni – ben prima della sua (poco consapevole) formazione come nazione sovrana – la popolazione italiana ha prevalentemente mantenuto – e in alcuni casi sviluppato – alcune caratteristiche peculiari: individualismo, scarso senso del Bene Comune e di appartenenza allo Stato.

Conseguenza nei comportamenti: delega della "cosa pubblica" alla classe politica, prioritaria importanza ai beni privati (casa, auto, cellulare...) piuttosto che ai beni pubblici (scuola, trasporti, sanità, giustizia, tasse, spese di condominio...), considerati proprietà "di altri" e delegati in toto alle istituzioni, perché non considerati necessari al proprio benessere.

Se, una volta laureati in medicina nella stessa specializzazione, alcuni medici si dichiarano abortisti, mentre altri diventano obiettori. Se per misurare il PIL di una nazione alcuni economisti propongono di conteggiare anche i proventi derivanti da gioco d'azzardo, traffico di stupefacenti e prostituzione, proponendo (con successo) l'equazione maggiore ricchezza = maggiore felicità, senza distinguere ciò che promuove il benessere effettivo degli esseri umani da ciò che li riduce in schiavi, significa che la cultura (prevalente) di un Paese condiziona i comportamenti all'interno di qualsiasi disciplina.

Ogni sistema umano necessita di un modello di riferimento, di una "religio", ossia di un fondamento intellettuale e morale sul quale costruire la vita sociale e muovere ampie masse di popolazione verso obiettivi comuni, che potranno essere tali soltanto se condivisi. Un esempio di questa "religio" è il discorso che Pericle fece agli ateniesi nel 461 a.C., che ci è stato riportato dallo storico Tucidide.

Di fronte alle numerose bare dei giovani (15/18 anni) soldati caduti nella guerra del Peloponneso, Pericle volle ricordare ai suoi concittadini i principi e valori fondamentali della città greca, faro culturale di quel tempo. I fondamenti del cattolicesimo hanno ispirato le costituzioni di molte nazioni europee; senza la spinta della filosofia di Marx ed Engels il comunismo non si sarebbe potuto affermare in modo importante e se "il lavoro nobilita l'uomo" (frase attribuita a C. Darwin) sarà più facile convincere milioni di agricoltori a lasciare le campagne per andare a lavorare nelle prime fabbriche create dalla rivoluzione industriale, affamate di manodopera a basso costo.

Per sostenere il modello liberista post-industriale – fondato sulla "crescita economica" – le persone-consumatori devono aspirare all'acquisto di un nuovo modello di auto/cellulare ultima generazione, anche se quello che possiedono funziona perfettamente.

A tal fine è necessaria una "religio" acritica, che non si ponga scrupoli morali cercando la distinzione tra Bene e Male ("è giusto che io spenda questi soldi nel "gratta-e-vinci", quando ci sono persone che vivono nella miseria?"), che non preveda regole e ruoli assoluti (insegnanti/genitori) o strutture definite come la famiglia, che privilegi l'individualismo alla solidarietà (scambiare gratuitamente prodotti usati tra famiglie non fa crescere il PIL) e proponga la "rottura dei tabù", forzando la naturale propensione giovanile ("giovane e veloce è bello, vecchio e lento è brutto") verso l'innovazione.

E chi, oggi, è in grado di influenzare la cultura e i comportamenti della maggior parte degli abitanti di una nazione? Quali sono i più potenti "sacerdoti" in grado di diffondere efficacemente questa nuova religione? Probabilmente non gli insegnanti, né gli economisti o la famiglia. Bensì i comunicatori che operano all'interno del sistema dei media.

9. LA CADUTA DEL MURO

Credo che ci troviamo di fronte ad un paradosso.

Da una parte c'è un mondo (composto prevalentemente da educatori, intellettuali, sociologi, economisti) che, avvertendo la propria responsabilità formativa, analizza la situazione culturale del Paese e indica in che modo possiamo uscire da questa crisi culturale, prima che economica: "dobbiamo recuperare il senso di solidarietà, evitare gli sprechi, distinguere ciò che promuove il bene degli essere umani da ciò che avvelena le nostre vite, ricercare una nuova antropologia economica, etc" sono le ricette invocate da questo mondo, molto spesso competente e responsabile, che – purtroppo - parla quasi sempre ad un pubblico limitato e può incidere marginalmente sul sistema culturale del Paese.

Dall'altra c'è il "mondo dei comunicatori" (direttori, registi e star di TV e cinema, pubblicitari, cantanti) che, attraverso linguaggi coinvolgenti e audience planetarie, diffonde efficacemente una cultura di segno alquanto diverso. Salvo rare eccezioni, i componenti di questo secondo gruppo non avvertono alcuna responsabilità educativa nei confronti del proprio "pubblico".

Nel 2008, Luca Tiraboschi, direttore di Italia 1 – la rete televisiva più seguita da adolescenti e giovani adulti – fu intervistato dal quotidiano La Stampa.

Alla domanda: "La sua è una rete rivolta ai giovani, lei si pone un problema educativo? " la sua risposta fu: "No, qui si fanno trasmissioni in cui mettere pubblicità. Noi garantiamo agli investitori circa tre milioni di spettatori mentalmente giovani".

Questi due gruppi (educatori e comunicatori) sono separati da un muro impermeabile; ciascuno parla al proprio pubblico e molto raramente si confronta approfonditamente con "l'altro mondo". A mio parere, se vogliamo risolvere questa crisi culturale, è necessario aiutare i "grandi comunicatori" a sentire la responsabilità del proprio ruolo di "importanti propositori di modelli culturali" in grado di influenzare i comportamenti delle grandi masse di popolazione, attraverso un confronto con il mondo di coloro che avvertono la responsabilità formativa, ma che non gestiscono – salvo rare eccezioni - linguaggi emotivamente efficaci né platee numerose.

Questo confronto è indispensabile, perché – come dimostra la persona di Papa Francesco, eletto personaggio dell'anno 2013 e nome più cliccato su Google di lingua inglese – per divulgare o insegnare una materia, non è sufficiente conoscerne approfonditamente i dettagli più minuziosi; è anche necessario saperla comunicare.

Promuovendo i valori positivi di una cultura a misura umana anziché finanziaria attraverso film, pubblicità e trasmissioni coinvolgenti, sarà possibile motivare una buona parte di popolazione verso comportamenti solidali e meno individualisti.

Film come "L'ospite inatteso" (T. Mc Carthy, 2007), "Gran Torino" (C. Eastwood, 2008) e "Uomini di Dio" (X. Beauvois, 2010), spot pubblicitari come "Rewind" per Orange TV (Agenzia Publicis, 2008), Volkswagen Fun Theory (2009) e "Dear Future Mom" per CoorDown (agenzia "Saatchi&Saatchi, 2014) e canzoni come "We are the world" (M. Jackson e L. Richie, 1985) dimostrano come si possono trasmettere efficacemente ideali positivi attraverso eccellenti prodotti di comunicazione.

EPILOGO

La nostra storia è giunta al termine. Abbiamo visto in che modo l'evoluzione culturale e sociale dell'Italia non sia stata avviata compiutamente, per fattori interni (il DNA individualista-eterogeneo), esterni (le due guerre mondiali e poi il "debito", non solo di natura economica, verso gli USA), ma soprattutto culturali. E abbiamo proposto una possibile via d'uscita a questo importante problema: cercare di formare, attraverso i media, una cultura tesa al bene comune.

La storia degli indiani d'America e degli scozzesi – che affrontarono divisi e discordi i compatti schieramenti inglesi – ha insegnato che le civiltà legate a culture individualiste che non riescono a trovare una coesione culturale e sociale (che gli italiani sembrano mostrare con passione in occasione delle partite della nazionale di calcio) rischiano una forte emarginazione sociale.

Il nostro marziano è tornato al suo lontano pianeta e sta cercando di spiegare ai suoi simili i meccanismi evolutivi della stirpe italica: "Ho visto e ascoltato cose che voi marziani non potete neanche immaginare!".

Noi vorremmo concludere il nostro viaggio nella stessa regione dalla quale siamo partiti per narrare questa storia: la Campania. E lo facciamo con le parole del tema di un alunno delle elementari napoletane, tratte da un famoso libro curato dal maestro elementare Marcello D'Orta.

Tema: "Quale parabola preferisci?"- **Svolgimento**:

"Io, la parabola che preferisco è la fine del mondo, perché non ho paura, in quanto che sarò già morto da un secolo.

Dio separerà le capre dai pastori, una a destra e una a sinistra. Al centro quelli che andranno in purgatorio, saranno più di mille miliardi! Più dei cinesi!

E Dio avrà tre porte: una grandissima, che è l'inferno; una media, che è il purgatorio; e una strettissima, che è il paradiso. Poi Dio dirà: "Fate silenzio tutti quanti!". E poi li dividerà. A uno qua e a un altro là.

Qualcuno che vuole fare il furbo vuole mettersi di qua, ma Dio lo vede e gli dice: "Uè, addò vai!".

Il mondo scoppierà, le stelle scoppieranno, il cielo scoppierà, Corzano si farà in mille pezzi, i buoni rideranno e i cattivi piangeranno.

Quelli del purgatorio un po' ridono e un po' piangono, i bambini del limbo diventeranno farfalle.

Io, speriamo che me la cavo."

BIOGRAFIA

Raffaele Cardarelli ha lavorato per 25 anni nel Marketing di Unilever Italia, prima come Product Manager, poi come Responsabile Media, in qualità di dirigente.

È membro di Net-One, una rete internazionale di professionisti, studenti e operatori dei media, che - attraverso la condivisione di esperienze professionali, approfondimenti culturali, percorsi formativi, azioni e progetti, vuole offrire il proprio contributo per formare una comunicazione mediatica che susciti fraternità.